Marcel Nuss

DIVINS HORIZONS

Édition : BoD – Books on Demand,
12/14 rond-point des Champs-Élysées, 75008 Paris
Impression : BoD - Books on Demand, Norderstedt, Allemagne
© 2021, Autoéditions – Marcel NUSS
Dépôt légal : Octobre 2021
Couverture : Aurélie Daget
ISBN : 9782322399468

Le Code de la propriété intellectuelle n'autorisant, aux termes des paragraphes 2 et 3 de l'article L. 122-5, d'une part, que les « copies ou reproductions strictement réservées à l'usage privé du copiste et non destinées à une utilisation collective » et, d'autre part, sous réserve du nom de l'auteur et de la source, que les « analyses et les courtes citations justifiées par le caractère critique, polémique, pédagogique, scientifique ou d'information », toute représentation ou reproduction intégrale ou partielle, faite sans le consentement de l'auteur ou de ses ayants droit ou ayants cause, est illicite (article L. 122-4). Cette représentation ou reproduction, par quelque procédé que ce soit, constituerait donc une contrefaçon sanctionnée par les articles L. 335-2 et suivants du Code de la propriété intellectuelle.

A Sophette, avec tous mes remerciements

Préambule

Les deux premiers recueils qui composent ce livre ont encore été écrits en les dictant, essentiellement à la mère de mes enfants qui m'a inspiré plusieurs des poèmes.

Ces deux premiers recueils ont été publiés à compte d'auteur, le second après avoir reçu le prix de la ville de Colmar 1992. Ils ont été tirés à 300 exemplaires et n'avaient jamais été réédités depuis lors. Ce sont mes derniers écrits dictés à des tiers. Ensuite, en 1992, j'ai fait l'acquisition de la première commande vocale disponible sur le marché français, elle était d'origine américano-suisse. Elle m'a permis d'écrire en dictant une lettre après l'autre, c'était fastidieux mais la vie m'avait appris que l'autonomie n'a pas de prix. Je me sentais enfin libre ! Dès lors mon écriture s'est davantage relâchée, mon intimité étant désormais sauvegardé, si j'ose dire : je ne confiais plus mes états d'âme à des tiers mais à un ordinateur.

Le troisième recueil est inédit. Il a été composé grâce à une version ultérieure et plus évoluée de la commande vocale, au début des années 2000.

Dans chaque poème, il y a une part de soi que l'on laisse d'une façon ou d'une autre. La force d'un poème, me semble-t-il, réside dans son authenticité, quelle que soit la forme et le style qu'il adopte. C'est son authenticité qui permet à la lectrice ou au lecteur de pouvoir se projeter et se l'approprier, lui donnant une autre vie, une autre texture, une autre tessiture, une autre force et un autre sens. Disséquer un poème, c'est comme autopsier un cadavre, que reste-t-il à part un diagnostic froid ? Un poème doit se ressentir, parler à la lectrice ou au lecteur. À l'instar de tant d'élèves, de par des générations, j'ai détesté la poésie à l'école. Et c'est dommage.

Bonne lecture à vous et merci d'apprécier la poésie. Merci pour elle.

Saint-Bauzille-de-la-Sylve, 11 mai 2020

Marcel Nuss

HORIZONS ARDENTS

Écriture

A Gab' le cœur de ma plume

La calligraphie déliée de nos corps
écrit des paragraphes d'extase sensuelle
qui parsème le livre de nos connivences
et dans un déchaînement de virgules enthousiastes
nos sens rédigent de profanes dialogues intimes
en brèves phrases légères et impudiques
où le temps est mis entre parenthèses et
nos silences en points de suspension
lorsque la chair est verbe ultime
le plaisir est un délié de points d'exclamation
et lorsqu'entre guillemets tu me diras viens
je laisserai s'égarer mon point virgule
dans la prose fertile et écarlate
de ton amour alexandrin
un point c'est tout

Sextant

Je te sexe
mon amour
au creux du jour
au cœur de la nuit
d'une invite opportune
d'une étreinte impromptue
au cœur du jour
au creux de la nuit
sexe-moi
mon amour

¤ ¤ ¤

Ecrire est un torrent
tributaire des saisons de l'esprit
tantôt aride tantôt tumultueux

j'écris pour m'éterniser

écrire est un torrent
qui charrie des tombereaux de mots
mots qui pleurent mots qui chantent

j'écris pour mieux respirer

écrire est une blessure
qui refuse de cicatriser
nourris-moi d'amour

et j'écrirai sur du papier d'azur

¤ ¤ ¤

À Gab'

Naguère
en ces jours incertains
où je ne croyais en rien
je te rêvais
d'abondance
aujourd'hui
en ces jours trop courts
où la vie nous appartient
je t'aime
d'impatience
demain …

Réveil

Lent mouvement panoramique
mes yeux se posent sur son corps dénudé
dans le sillage de ses formes ombrées flânent

sur l'horizon de ses sillons cambrés.
Dans la quiétude pelvienne le phénix s'est levé
et déplissant ses ailes a quêté un baiser
hélas l'éden s'en est allé
laissant le phénix se consumer ...

Incarnation

Et ton corps sur mon corps
Et nos chairs embrassées
Et nos lèvres enlacées
Et nos regards qui jouent
Et nos dialogues de silence
Et le plaisir renouvelé
Et le bonheur recréé
L'amour est une mystique qu'il est vain de pénétrer
Et nous qui nous aimons
Et les gens qui passent
Et la vie qui nous tisse
Et l'à-venir qui nous toise
Et la tendresse qui nous lie
Et nos cœurs qui s'oublient
Et nos corps qui se cherchent
L'amour est une prière qu'il est vain d'ignorer.

Mythe

Une gerbe doigtée
enlaça le phénix endormi
ravi il s'éleva déploiement écarlate
la gerbe de vestale
guida l'oiseau ardent
vers son jardin de Vénus
il se blottit dans le nid d'Aphrodite
une nuit profonde et calme
et caressa un rêve androgyne
entre les bras de l'amour la nuit s'assoupit
sur le lit ébouriffé reposaient des gerbes de doigt.

¤ ¤ ¤

lorsque
nos corps s'unissent
au cœur de noces ludiques
lorsque
nos sexes s'épousent
en un mariage incarné
nos voies intimes
récitent une prose mystique
qui lie nos langues
en de longues plaintes déliées

j'aime me pénétrer
des secrets atours de nos sens
en habillant ma flamme pourpre
de ta robe écarlate
pour aller sanctifier la vie
sur les fluides ailes du plaisir
lorsque
l'amour retient son souffle
dans un silence qui respire
lorsque
l'extase se fait lumière
dans la pénombre qui scintille

¤ ¤ ¤

Osmose de nos âmes
symbiose de nos corps
sur l'écheveau de nos vies
s'enroule le fil ténu de nos jours
qui entrelace et tisse les couleurs de notre amour
Osmose de nos corps
symbiose de nos âmes

¤ ¤ ¤

Des myriades de mots que j'enchâsse comme des perles…
aléatoires ?
Corolles de vie qui s'effeuillent de vers en vers…
dérisoires ?
vers une mort intégrée au divin…
aléatoire ?
pour collectionner quelque éternelle trace…
dérisoire !

Vivre

Viens
verse la verge
dans le vagin velours
viens
l'avide veloutée
au volcan de vair
a
de vivaces envies
de verge volubile
viens
par vagues de vie dévidée
dans la voie dévoilée
viens
vit

¤ ¤ ¤

Laisse-moi pénétrer
Le sanctuaire dévoilé
Le sillon déconcerté
Le sillage de tes étés
Le soleil de mes pensées
Laisse-moi pénétrer
L'essence de ton Etre
L'Etre de tes Sens
Le fond de nos origines
Le fruit de nos connivences
Laisse-moi pénétrer …

Fulgurances
ou
champs de pastels

Des larmes de pastel s'envolent
chassées par le souffle décidé d'une bouche gourmande
qui déblaie la couleur de ses poussières superflues sous
l'œil critique d'un regard gourmet
la main reprend son voyage
aérien et vif.
Tout est lumière éclat de vie
dans mon corps habité d'une intense polychromie
mes yeux épris
se glissent dans le feu de ton âme
la lumière est vie
je suis son profane.

¤ ¤ ¤

Elle oscille sur l'horizon de sa souffrance
son corps est en mal de tendresse
sa peau est en apnée
de caresses
de son cœur suinte une césure
l'amour est une fêlure perlée d'idéal
derrière
la lucarne brille un soleil fatigué

¤ ¤ ¤

Une nymphette nymphomane
promenait ses appâts pyromanes
ronds comme des bulles
sur un fil funambule

pour elle je me suis érigé
en virtuel balancier

entre Ciel et Terre
nous avons cherché

un équilibre précaire
entre ivresse et tendresse…

Oser aimer ?

Nue
toute nue
devant moi
un peu intimidé
d'oser
regarder ta beauté
dans le miroir recueillie
de mon regard aspiré
oser
exposer ton désir sanctuaire
à l'attente horizontale
de mon cœur vertical
doux papillon
recroquevillé en ta chrysalide
déploie tes ailes
et je m'envolerai
nu
tout nu
dans l'espace intime
de nos corps déliés
souffre
que s'égare
pour toi
mes mots
qu'ils lissent un lit soyeux de
vérité
de l'espérance naîtra
l'espoir nu

¤ ¤ ¤

Quand sur ta nudité divine
tu enfilas des tissus de satin
la beauté soudain
devint la musique d'un quatrain

Et tes seins que l'on devine
chauds et câlins
devinrent soudain
le fruit d'un refrain

Quand sur ta nudité divine
j'étends mon amour satin
le bonheur qui nous lie se devine
entre mes vers lutins

¤ ¤ ¤

Midnight express
sous la sphère restreinte de mon crâne déchevelé je vais
sur le continent futile de mes rêves éphémères
expression opportune
d'une quête d'infortune
Midnight express
entre tes bras qui enserrent
mon corps de breloque se déplisse et glisse
dans ton onde tutrice
Même mes rêves de fortune
aiment décrocher la lune !

Harmonie

Entre le vert et le rose
de son âme morose

Entre le mauve et le carmin
de son esprit mutin

Entre le rouge et le blanc
de son cœur déchirant

Entre l'orange et le bleu
De son corps généreux

Son Être se fonde et se fond

dans l'éclat lumineux
d'un jaune qui transcende
l'obscurité originelle et tutélaire

Coquinade

Entre les plis et les replis
de tes atours fripons
mon reflet émoustillé
s'est faufilé jusqu'au lit
de tes désirs secrets
dans l'étroit cocon de coton
s'est jouée une douce fantaisie polissonne
qui déplissa nos sens
dans un silence époustouflé…

¤ ¤ ¤

De la plaine la plainte
monte monotone
et vaine
là-bas
le vent caresse la misère
qui pousse en touffes de charbon et de silence
le bonheur est amer
ici
la peine se dilue dans l'absinthe
la fatigue se lit au fond des yeux comme une supplique stérile
stérile comme la terre
où s'impriment à peine les pas !

¤ ¤ ¤

Lève tes yeux
pleins de larmes et de feux
Lève ton visage
maculé de peines salées
Desserre tes lèvres
blêmes et arides
Desserre ton cœur

exsangue et résigné
J'aime ces yeux qui pleurent de vie
J'aime ce visage aux reflets d'amour
J'aime ces lèvres qui mordent toujours
J'aime ce cœur qui bat sans répit
Hier aujourd'hui demain
je me lèverai
et de mes mains diaphanes
t'accueillerai
sur les bords du Gange le regard tourné vers l'éternité.

Un matin ordinaire

La maison bourdonne
j'entends ses pas qui vaquent
je sens ses bras qui s'agitent
la maison résonne
de mes dépits qui vaquent
de mes pensées qui s'agitent
dans ma tête mes vers font des flaques
parasites.

¤ ¤ ¤

Vous qui courez sans vous voir
    écoutez sans vous entendre
    respirez sans vie
    aimez sans chaleur
ne sentez-vous pas au fond de vos corps de cendres
crépiter
les braises obstinées de l'amour
    qui vous appelle
de la vie
    qui vous supplie
Vous qui timorez à petits pas
    souriez au petit bonheur la chance
    vivez de peur de mourir
    aimez sans amour
ne laissez pas au fond de vos corps de cendres
s'éteindre

les braises obstinées de l'amour
        qui vous supplie
de la vie
        qui vous appelle
La vie est une mort sans cesse renaissante
son feu consume les souffles dégénérés
que consume une vie sans cesse renaissante.

¤ ¤ ¤

Une nymphe diaphane nimbée d'amour et de beauté
une Diane liane qui s'enroule autour de ses péchés
un doux serpent empêtré à se chercher
quelle est cette âme déchirée
quel est ce cœur hospitalier
qui vacille et s'élève
femme de demain
entre mes mains coule le feu de tes chagrins
et au creux de mon cœur bruinent les balbutiements de tes "à venir"
nubiles et sincères.

¤ ¤ ¤

Même
si
le soleil embrase l'atmosphère
hébétant nos corps médusés de se sentir indifférents
sous nos yeux entrelacés

Même
si
le soleil boude l'horizon
laissant les nues darder leurs humeurs sombres
sur nos yeux enlacés

Même
        si
le soleil inonde le crépuscule
délinéant au loin des esquisses incandescentes

dans nos yeux lacés

Même
si
le soleil par malheur n'existait pas
pétrifiant le jour dans une haleine frigide
devant nos yeux embrassés

L'amour qui nous inspire éclairera nos vies

¤ ¤ ¤

Je suis seul
je vous aime
et je me sens seul
las
d'attendre sur le pas de la porte
je suis las
d'être en orbite
autour de cœurs qui suppurent de corps qui supputent
d'esprits qui soupçonnent
je suis seul
je vous aime
et je me sens si seul
à broyer des uppercuts
à rêver des avenirs
l'amour est une comète rétive que je chevauche
dans les reflets irisés d'eaux frémissantes
je me sens seul
à ressasser mes certitudes
je me sens si seul
perdu dans ma solitude
je vous aime

J'aimerais que tu m'aimes et que tu me le dises

L'ombre de ta défiance
assombrit
mon corps proscrit

d'homme suspect
qui crains-tu
l'homme que je suis ou
la femme qui est en toi et qui rugit son désaveu
en fulminant derrière la porte de la vie
où l'amour vibre entre parenthèses
dis-moi la voie de ton cœur
et sans tarder je la suivrai
elle éclairera mon bonheur…

¤ ¤ ¤

Entre deux fuseaux élancés radieusement déployés
Un homme extasié
S'est posé
De l'aube naissante une complainte est montée
Qu'initiaient
D'ondulatoires mouvances incarnées
Deux corps volubiles
S'interrogent
Dans la pénombre d'une aube apaisante
Deux fuseaux se nouent
Convulsifs et généreux !

Prières picturales

DIEU
Quelle est cette souffrance qui me taraude
mon âme crucifiée griffe ses douleurs
en méplats impulsifs
en aplats contemplatifs
DIEU
Quelle est cette culpabilité qui se cache sous des enchevêtrements
de teintes mystiques…
Je peins pour vivre
Je vis pour peindre
Je peins pour me chercher
Je vis pour te rencontrer
Et derrière la croix qui me porte lentement se lève

l'horizon de ma Vie
la Lumière de mon Etre
Je serai !

Souffrances d'amour

Je hais cette souffrance
que tu vomis en gerbes de violence
que rongent d'aigres rancœurs écœurantes et écœurées
qui se convulsent
et giflent mon manque d'intégrité
je rue et je souille
de mots pestilentiels
ce dialogue barbare qui nous déchire
et nous abrutit de douleurs cinglantes
et d'incompréhension obstinée comment
j'aime cette souffrance
qui révulse nos cœurs
et nous dénude jusqu'à l'âme
pour qu'éclose cette humanité vulnérable
qui imperceptiblement mûrit en nous
et dans une bouffée de tendresse
je me sens t'aimer…

Stupre

Un sexe serein
Serine
Des sonnets salés
A une sirène serpentine
Qui siffle à ses sens
Une sonate salace :
- Sauce mon sexe !
susurre cette suceuse sanguine
à la sucette séduite
qui la saute sans ciller
sur le sofa souillé.

¤ ¤ ¤

Je l'habiterai
d'une présence charnelle
d'aubes phalliques
en pensées inconditionnelles
j'emplirai le nid savoureusement chaud
d'une vigoureuse dévotion captive
je visiterai le creuset inspiré de la vie
du bout d'un élan élégant
je l'habiterai
sans me lasser …
lorsqu'elle m'invitera
sans hésiter…
mais elle dort…

La vie hurle amor
la mort crie avis … d'expulsion
mais pourquoi expulser la vie
lorsqu'on vit l'amor
amor à vie amour à mort
laissez-nous vivre encore supplient les amoureux
il est temps de couper la poire en deux tranche la mort
la vie a hurlé amor
la mort a dit tant pis…

¤ ¤ ¤

Sur l'espace nocturne
d'un plafond d'infortune
zébré d'ombres livides d'une lumière geignarde
se dessinent en filigrane
des attentes insoumises et des idéaux obtus
je suis pétrifié de plaisir
et le silence torride
d'une nuit indifférente à deux solitudes souffrantes
emplit mon sommeil
de rêves opaques
l'amour est une empoignade
qui déchire de désir
qui stridule de plaisir

que je hais ces jours où j'ai mal de t'aimer
au coin de ton amour au bord de tes soupirs

Partir

Partir
contempler la mer
sur des dunes solitaires
loin des rues qui vomissent des lumières cacophoniques
et des fenêtres indécentes qui exhibent des êtres
qui se bâfrent en s'éjaculant des cadeaux en habits de fête
partir
contempler le silence
en savourant l'iode du vent
avant de s'endormir dans un lit de sable fin
partir
oublier que Noël est un privilège
en mal de foi
et devant la mer lascive
dans un silence contemplatif
peut-être apparaîtra
une étoile au firmament

Dans un entrelacs de cheveux blonds et bruns
coulent des sanglots avides
le front posé
sur une épaule une tête se vide
d'elle-même
le vide
se comble de tendresse radieuse
une main apaisante
se promène sur une nuque qui fusionne
j'entends la peine qui ruisselle
j'entends le silence qui respire
j'entends deux femmes qui s'aiment d'une douce complétude
et je sais
je sais l'amour qui afflue comme un flot sauvage
hors de son lit archaïque pour abreuver
les continents arides
tandis qu'une tête se relève

regard gorgé de vie
sourire esquissé
l'autre
se retourne habitée d'humilité…

Vendredi

Ma main fanée
s'est promenée dans la chevelure blonde
d'une quintessence
tandis que l'Amour jouait au piano
ton regard est une plénitude
gorgeant tes absences d'une souffrance
ce sera mon premier qui se nourrit d'attente
et tandis que l'Amour joue du piano
je souffre en silence
dans les faubourgs de tes soupirs !

¤ ¤ ¤

Bons baisers de nulle part
l'enfer est partout
où la vie hoquette
bons baisers de nulle part
ici je m'ennuie je m'emmerde
entre les quatre murs restreints d'un corps contrit qui gémit
bons baisers d'ici
où l'aube n'en finit plus de se coucher et le crépuscule de se lever
par ma bouche hallucinée j'aspire l'amour
en longues plaintes déchirées
« AIDEZ-MOI » à profusion
lancine ma tête !

¤ ¤ ¤

Perdu
dans l'océan éperdu
d'un salon circonvenu
j'erre tout nu

sur l'île restreinte
d'un lit de misère
où mon cerveau bulle la vie et
recrée l'amour
en convois de mots
qui convoitent l'absolu
perdu
dans un océan éperdu

¤ ¤ ¤

L'absinthe
absente
absout
l'absence d'accointance
entre amour et ivresse
l'absente
obtuse
absorbe
l'indécence du prince
ivre d'amour

Écoute

Inhales-tu la tristesse
de mes pupilles orphelines
de n'avoir croisé
le regard langoureux
de tes exquis seins ombrés
respires-tu le chagrin
de mes iris fanées
de n'avoir senti
l'arôme câlin
de ton frêle corps séquestré ?

Baisers

Enfoui dans les blés pubiens
je me griserai du bouquet mutin qu'exhale
ton jardin des délices
puis
je goûterai l'onde clitoridienne
je boirai la moelleuse sève ambrée
larmes fertiles qui s'écoulent impudiques
de ton nid empourpré d'oser
rire…

¤ ¤ ¤

A Dan'

Lève-toi et marche
toi qui meurs ta vie
le temps qui passe pleure sur son cœur meurtri
et ton corps engoncé s'enfonce doucement dans l'oubli
lève-toi et marche
respire l'amour comme on butine le vent
la vie est un nectar
gouleyant au creux des reins
lève-toi et marche
pour réconcilier hier et demain
aujourd'hui est un levain
d'amours et d'embruns

¤ ¤ ¤

Soyeux fumet
où nident mes narines
fumet solaire
qui déniche les désirs gargantuesques
fumet printanier
qui ronge mes reins
émerveillés
par ce parfum qui persiste comme un fantasme qui n'en finit
pas de rêver
parfum de prairie

qui dégorge des promesses de moissons au sein d'un sexe qui sème
un doux parfum de femme

¤ ¤ ¤

Pas à pas
je mets mes pas
dans les pas de ceux
qui ont passé ou passeront par-là
puis devant le pas de ma porte
j'essuie ces pas qui imprègnent mes semelles
avant de pénétrer dans ma solitude trépassée
sur le paillasson compassé mes pas pleurent leur désarroi
mais qu'y puis-je
moi qui ressasse la vie comme on égrène la mort
devant une tasse de thé et un bout de silence rassis
je n'ai pas appris la vie j'ai oublié l'amour
chacun de mes pas a l'allure d'un supplice de Tantale
pas à pas
je m'enlise dans les pas
de ceux qui ne me voient pas ne me voient plus.

¤ ¤ ¤

Ève
je rêve
sur la grève
je rêve
sans trêve
d'étreintes brèves
sur la grève muette et blême
où je crève loin de tes bras
et tandis que se lève le soleil
Ève
je rêve
je rêve de toi

¤ ¤ ¤

j'aime déambuler
dans la touffeur de vos cœurs feuillus
qui frissonnent comme des coups de tonnerre
à la moindre velléité d'oser
se métamorphoser en feuillage d'automne
j'aime déambuler
sur le lit immense de feuilles qui chantent
l'amour multiple et singulier
défroisse mes sens effeuillés
de ses pétales roses
je suis une âme sylvestre
qui déambule
dans le bois noctambule
de vos corps dupes
qui exhalent des serments d'amours apatrides…

¤ ¤ ¤

Femme
matrice du monde
j'aime
écouter la vie qui t'inonde et
dialoguer avec ta terre généreuse
laisse-moi effleurer
tes racines profondes et
mon ignorance se nourrira à ton intarissable fertilité
femme
tutrice du monde
que je sillonne ton univers
de sang de chair d'ombre et de lumière
où pressent les abords
d'un divin mystère
et tout mon être aspire
à t'aimer
respirant l'atmosphère que tu fécondes

¤ ¤ ¤

Sur le drap livide
d'un lit déserté
une larme de sang
lentement bruissait
et tandis que je la caresse
je songe à toi
femme de toujours
mystère inaltérable

Savoir

Savoir
quand tes entrailles coulent par flots sur
le feu
de ma mémoire
ce jaillissement vital
m'imprègne
comme un appel d'un lointain primitif
où le temps se dévidait en desseins intemporels
savoir
pour apaiser
le désir de laver mon visage
dans le sang de ma mémoire
celui qui sourd de toi comme un refrain intarissable
comme une vie
mystique
femme d'ébène
qui réveille et affole
la mémoire de mon sang
sais-tu ce que j'aimerais savoir ?

¤ ¤ ¤

Sur mon corps
elles dessinent
une kabbale écarlate
en traits chauds et feutrés
qui s'échappent de leurs flancs
en fluides arcanes

qui dansent un rite occulte
je me laisse imbiber
par cette vie absolue et dissoute
énigme insondable et divine
qui vous habite et
me hante.

¤ ¤ ¤

Je tremperai mon sexe embrasé
dans la lave liquoreuse
de ton foyer intime
puis je plongerai mon regard désespéré
au fond de ton cœur inspiré
au rythme de ses battements
je pleurerai
ma souffrance muette
et ce silence qui m'oppresse
j'aimerais tant toucher du bout des doigts
les étoiles
je ne touche que l'illusion d'être
laisse-moi reposer dans le lait de tes entrailles
et dis-moi d'où je viens mon amour
fécond

Hécatombe

Dans un jardin de verges en fleur
butinait une bouche en cœur
l'insatiable amoureuse
de son dard doux
vidait les corolles écarlates
de leur suc saoul
jaillissement triomphal
obole majestueuse.
Dans un jardin de verges fanées
dormait une bouche rassasiée.

¤ ¤ ¤

L'ambre joyeuse
jaillit
égrenant son bonheur
sur la toison frisottée
qui frissonna
sous l'onde soyeuse
qui l'inonda
Une main
venue du fond des âges
en imprégna
le corps l'âme et l'esprit
rite de passage
où l'Un avec l'Autre se réconcilie
où l'Un dans l'Autre s'unit
au fond d'un lit d'ambre joyeuse

Bouture

Du sang
Rouge
Chaud
Du sang en ébullition
Afflue
Gorge
Un bout de corps
      de chair
      de vie
Regorge de sang
Gonfle
Un bout de corps
      de chair
      de vie
Se tend à rompre
Saturé de désir
S'épanouit et se rend
Vers un bout de corps
      de chair

             de vie
S'ouvre
Nourri de sang
Et de désir
Qui étreint
Un bout de corps
         de chair
         de vie
Ils se meuvent et s'émeuvent
Puis se séparent
Du sang
Rouge
Chaud
Du sang ivre d'émotions
Se retire
Dégorge
De bouts de corps
         de chairs
         de vies
Qui s'aspirent
S'inspirent
L'amour éclôt
Le plaisir

♮ ♮ ♮

À l'abri de ton cœur
j'ai appris à aimer

Mon âme sœur
ma destinée insolente
si tu n'étais
je serais une âme errante
te cherchant au fond de regards désolés
puis plein de regrets je m'abîmerai
de ne pas te vivre
de ne pas t'aimer
sur le chemin de la pérennité
mon âme sœur
mon bonheur insolent
si tu t'éclipses

je m'étonnerai comme une âme en peine
te cherchant aux tréfonds de regards attristés
puis sans regret je m'immolerai
pour mieux te vivre
pour mieux t'aimer

À l'abri de ton cœur
j'ai appris à aimer

Être

Ses doigts qui décryptent son mystère
et son cœur qui prend la mesure
et son souffle qui mesure le bonheur
d'Être
une femme réconciliée
une femme jusqu'au bout
de l'Être
et mes yeux qui palpitent
et mon cœur qui s'agite
d'Être
auprès d'une femme qui s'aime

Et moi qui vais cahin-caha
sur un chemin de traverse heureux
d'Être
auprès de cette femme
qui m'anime
de son Être
translucide et alluvial
et ses doigts qui jouent une sonatine pulpeuse
et moi qui rêve
d'Être
cette musique-là…

…Tandis que mon sexe pleure
ses doigts…

Divine Nature

Préface

En 1992 Marcel NUSS fut le premier lauréat du Prix de la ville de Colmar décerné par la Société des Ecrivains d'Alsace et de Lorraine et du Territoire de Belfort, gardienne de la vie intellectuelle de notre province dans ses trois expressions linguistiques mais aussi gardienne de la mémoire de ses écrivains disparus notamment Albert Schweitzer et Alfred Kastler, tous deux Prix Nobel.

Le jury de la Société ne connaissait du lauréat que son pseudonyme Mani Sarva et son ouvrage « Divine Nature ». Que pouvait-il deviner de l'homme ? Rien d'autre que son bonheur d'écrire et de partager ses éblouissements, son désir de tisser des liens à travers l'espace. Le jury ne pouvait deviner ce qui aurait pu être le drame d'une vie.

Pour Mani Sarva l'écriture est une grâce, un refuge, une aventure, une victoire sur lui-même et un témoignage. « La maladie, dit-il, n'est pas une fatalité. C'est une source de richesse à condition que l'on s'appuie dessus. » il apporte la preuve qu'être handicapé n'empêche pas de vivre et de s'exprimer. Bien sûr il a reçu le talent encore fallait-il trouver en lui-même la force de le porter au jour. Il est un homme comblé au-delà des apparences parce qu'il a assumé puis sublimé, par une étrange force d'âme et de corps, son handicap. La nature lui a donné un esprit curieux de tout et c'est avec passion qu'il pénètre dans les domaines les plus divers : la spiritualité, la psychologie, l'astrologie, l'ethnologie, la philosophie.

« Je deviendrai ce que le destin veut que je sois » dit le poète avec autant de résolution que de fatalisme. Il sait sûrement qu'il faut donner un coup de pouce au destin. « Je ne regrette rien mais je regrette qu'il soit si difficile d'être poète » souligne Mani Sarva. En effet, le poème est la forme la plus exigeante de l'expression littéraire, celle qui impose sa loi de la manière la plus dure et même si aujourd'hui est célébrée la poésie libre, il est des lois qu'un poète ne peut transgresser notamment celle de la sémantique et du rythme. Le poème est vertical contrairement à la prose qui est horizontale s'écoulant comme un fleuve. Il est un arrêt limité dans le temps et l'espace qui insère le poète dans le cosmos.

Mani Sarva a saisi cette infime nuance qui sépare le rimailleur du poète.

« Divine nature » est à la hauteur de cette exigence. Comme son premier recueil « Horizons ardents » ce second recueil est un audacieux hymne à l'amour transcendé, coulé dans la nature. Le style est foisonnant, multiple en ses images éminemment érotiques qui se fondent, en demi-teintes, dans les éléments de la terre et du ciel.

Ballade, élégie, fable hymne, les genres poétiques jouent entre les pages du recueil avec quelques libertés dont on ne sait s'il s'agit d'accidents ou de choix délibérés. Le lecteur est sous le charme. N'est-ce pas l'essentiel ?

Mélange d'angoisse et d'espoir le poème se termine sur un vœu qui résonne comme une quête, cette quête qui mènera le poète vers d'autres chemins les uns plus beaux et plus exigeants que les autres.

Il est entré dans ce monde des poètes à la fois superbe et impitoyable. Son talent lui servira de bouclier, le travail d'armure.

Cher poète, ne lâchez pas la main de vos muses, elles seront les sources de votre inspiration. Ne quittez pas la contemplation de l'univers, vous y trouverez la sérénité.

Christiane ROEDERER
Président de la Société des Ecrivains
Avril 1993

¤ ¤ ¤

Dans la clarté
d'un sous-bois paisible
s'épanouit un esprit ombragé
entre les bruns et les verts
que la lumière affleure
de mosaïques chatoyantes
qu'essaime l'humeur capricieuse
des sourires célestes
limpides comme tes yeux.

Des troncs rauques
tendent leurs fluides bras
dégingandés
vers un ru allègre et
frisquet qui ruisselle
dans l'air folâtre
qu'embaume l'humus
et la vie fraîchement éclose
apaisée comme tes yeux.

Dans la clairière timide
qui nous accueille
alternent le silence et
la musique fluette des enfants
qui ouvrent mon cœur
blotti près de toi
à la saveur d'une paix
pleine d'un bonheur
guilleret comme tes yeux.

¤ ¤ ¤

Quelle est cette vérité
que j'explore
dans le miroir de ton corps ?
Quel est ce bonheur
que j'aspire
dans le reflet de tes sens ?
Quel est ce devenir

que je pressens
dans l'éclat de tes yeux ?
Dépouillés de nos réticences
nus comme la nature
qui nous habille
nous naviguons sur les chemins
d'ombres et de lumières
dans la beauté de nos échos
silencieux et sereins
près des clairières immenses
nappées de boutons d'or
de marguerites et de coquelicots
mon esprit soudain s'égare
rêvant de t'entraîner
sur un matelas de fougères
aux doigts frêles et sensuels
comme ta peau joyeuse.
Quelle est cette vérité
que j'invoque
dans le miroir de ton corps ?
Quel est ce bonheur
que j'évoque
dans le reflet de tes sens ?
Quel est ce devenir
que je cueille
dans l'éclat de tes yeux ?
Le bonheur
d'une rencontre unanime
dans le recueillement
d'une forêt limpide...

¤ ¤ ¤

Le corps fruste
et l'esprit rugueux
le cœur indécis
et l'âme grêle
dans le jardin de nos jours
partagés
j'ai cueilli l'amour

à pleines brassées
sur l'îlot chahuteur
et balloté des sens
de ton âme
qui m'ont humanisé
gréant sur les récifs
d'un espoir indécis
à mes incartades impies
au seuil de la démesure
et du désespoir débridé
Dans son lit de corail
ou l'onde marine de tes yeux
j'ai effeuillé la fleur de mon être
dans un coin de forêt
que j'avais oublié
sur une étagère de mon cœur
avec la joie des enfants
qui s'ébattent sous les branches
de guingois
et toi qui vis et vibre
dans cette plénitude
qui m'octroie
un corps serein
et un esprit ébahi
un cœur conquis
et une âme apaisée

¤ ¤ ¤

Lorsque ma tête s'embroussaille
je rêve d'un lit de genêts
lumineux et frais
accroché au flanc d'un coteau
dardé de rayons brûlants
qui cautériserait
cette souffrance maligne et
subite qui m'égare
dans des mots gravides
d'amour déconcerté
surgi de la grisaille des jours
englués dans

une désespérance évanescente
et dans un silence morose
je quémande un peu de quiétude
épanouie sous le ciel maussade
d'un printemps décati.
Lorsque ma tête se débroussaille
je rêve de ton cœur
lumineux et frais
comme un lit de genêts
qui darde ses désirs
sur mes sens accrochés au flanc
de tes sourires mutins
subtils comme la vie
fleurie dans la clairière radieuse
de tes yeux azuréens
qui m'égarent sans ciller
vers les chemins sylvestres
de l'amour concerté
où un silence épanoui
égayerait nos esprits effervescents
sous le ciel morose
d'un printemps rajeuni.

¤ ¤ ¤

Sous la brousse dense
du jardin de Vénus
s'épanouit une rose
qui rougit au feu
d'un souffle solaire
déplissant ses pétales
torrides à la faveur
d'une onde câline
et tel un papillon
des tropiques savoure
le nectar de son silence
conquis par l'à-propos
singulier d'une caresse
de Gloxinia humide
dans le secret d'un
jardin enchâssé

à l'heure où sa porte
à peine éclose s'ouvre
à l'extase florale…

¤ ¤ ¤

Une brise fleur
carillonne mon cœur
souffle d'Orient
qui propulse
mes émois vers le zénith
de l'amour lune…
Une Noire féline
sur ses étagères se faufile
saisit une boîte
de bijoux et s'évanouit…

Un fougueux mistral
délie mes réticences
sur un lit de genêts
gênés par nos chairs
expansives et charmées
qui s'effeuillent d'amour …
Au doigt
une bague
comme une larme
d'un gris lumineux …

Un doux zéphir
câline mon âme
éprise d'un feu
azur et torride
qui clame la tendresse
limpide de nos cœurs …
Un rouleau de tissus
aux couleurs vives
se dévide sans fin
ne l'arrête pas …

¤ ¤ ¤

Sous les ramures munificentes
d'une orée éblouie
aux feuilles frissonnantes
nimbées de sollicitudes solaires
tandis que frémissait
une eau chatoyante et lascive
sous l'arbre qui pleurait
des larmes d'espérance languide
mes yeux t'ont effleurée
dans un silence charmé par l'aurore
d'un amour printanier
qui nous grisait de senteurs d'humus
et de clapotis langoureux
Te souviens-tu
de nos regards frais de nos cœurs frêles
au temps de l'éveil de nos émois nubiles
au-dessus d'Aldabra
les nuages verts rissolaient
sur la mangrove paisible
du lagon émeraude
hier est le ferment de demain
où nos âmes s'affûtent au feu de nos désirs
Aujourd'hui je t'aime à tout jamais
à l'orée d'une plénitude
qui s'exhale sous la ramure des jours
heureux
et la saveur du foin
soudain grise mes narines
aux abords de ce chemin qui ondule
et éveille des rêves de jeux intimes
où nos chairs mûries comme les blés
ondoieraient au soleil …
mais nos pas fluides crissent
sur ce rêve fugitif
perdu dans un filet de brise éplorée

Te souviens-tu
de nos regards gais de nos cœurs complices
le temps de concilier nos émois à ceux de la nature

au-dessus d'Aldabra
les nuages verts rissolent encore
sur la mangrove paisible
du lagon émeraude
et sur le ferment de demain
nos âmes s'abreuvent d'amour.

¤ ¤ ¤

Sous le dôme maussade
d'un printemps hivernal
j'étais le verger
d'une fruitière cueilleuse
des délices de mon jardin
verdoyant d'euphories
vassales et conquises
qu'elle écumait
en glissant sur la verdure
de mes sens mûris aux
rayons de ses doigts
de sylphide labiale
qui puisaient
la sève de désirs lactés
dans mes racines profanes

je suis le fruit de ses semailles luxuriantes.

¤ ¤ ¤

J'aime la foi nomade
qui nous emmène
par des chemins abrupts
gorgés de fleurs joyeuses
vers une aurore de Vérité
paisible et spirituelle
j'aime les sentiers alertes
de nos cœurs émancipés
qui conciliabulent d'amour
sur les fragrances fugitives
d'un bonheur
imprégné par les saisons

aléatoires de nos corps mus
au long de jours fugaces
par la certitude de la Vie.

¤ ¤ ¤

Alentour tout est lavande …

Je suis âme campanule
corps bouquet ardent
esprit nid de pivoines
cœur lit de roses
mon être aspire à devenir
un brin de muguet serti de marguerites
les jours où j'exhale des frissons
de myosotis parsemés de clématites
aux aubes de glaïeuls transis …

La lavande m'oppresse …

Dans un lit de bruyères fraîches
par ces vers frêles comme la fougère
je t'envoie ma délicate jacinthe
une tendre capucine pour caresser
ton regard de lys aux élans de laurier
donnant des saveurs de renoncule
à notre amour que tisse une brassée
de chèvrefeuilles sur un parterre
de pâquerettes mûri sous un tilleul …

L'air se grise de lavande …

¤ ¤ ¤

L'averse tonne
et crache des trombes
zébrées d'étincelles échevelées
qui agacent la rétine
derrière les paupières closes.
Il tombe des flaques
qui claquent sur les toits

giflent des feuilles impassibles
et fouaillent la terre saoule.
Le sol fulmine des relents d'écume ;
soir de ciel hypocondriaque …
Extirpée de ses rêves
une enfant jette son désarroi
à la face sombre de la nuit
dans un cri effrayé.
Sous la pénombre torride
j'écoute ébloui
les virulences de l'été
qui ébroue sa torpeur …

¤ ¤ ¤

Contempler la Source de l'éternité
qui m'habite
sur la ritournelle des sentiers
où la brise s'infiltre sous la ramure
de ma chemise
parfumée de résine et d'ail sauvage
et caresse ma poitrine d'une euphorie
fraternelle
« Seul le silence est perlé de Parole »

me susurrent les oiseaux volubiles

du haut de leurs branches chaloupées
par le vent qui flatte une sarabande
d'hirondelles
frêles esquifs faseyant
felouques célestes
sur l'horizon
où elles dessinent, en filigrane d'azur
l'essence fluide d'une vie parfumée
dans l'embrun d'une sereine plénitude
esquissée sur les vagues
d'une vie spatiale.

¤ ¤ ¤

Sur un lit de saphir clair,
pleine
telle une femme gravide
de ses fertiles
mystères,
la lune joviale, d'un sourire
d'argent, nous in-onde
de ses flux troublants ;
perchée, seule,
dans le firmament vide,
elle glisse ronde et immobile
sur les vitres ronronnantes
qui roulent.
« You know I love you ... »
chante Collins à la dame
qui happe mon regard
sur l'automne de Genesis ...
« You know I love you ... »
près de moi tu fleures bon
l'amour et le bonheur ;
sous cette impromptue énigmatique
d'une nuit de rire
lunaire ...
Lorsque l'hiver en été
traîne ses guêtres
sous le ciel maussade
d'un air frisquet
les gens déambulent
une humeur glauque
entre les fenêtres grises
et les rues moroses
bougonnant une lassitude
exaspérée
au vent mauvais qui les emportent
comme disait le poète aux vers limpides
avant de sombrer dans l'aphasie
des jours sans soleil
qui m'engloutirait si
l'amour dans ses yeux
ne me réchauffait ...

¤ ¤ ¤

Le ru impétueux
cascade sous un toit
de feuillages et de fougères
que son écume furieuse abreuve
en fusant de roche en roche avant
de gicler un tumulte glacé sur un ruisseau
qui foudroie le sol dans le sillage de ses flots
assourdis et nous engloutit sous l'ombrage apaisant
des arbres en rafraîchissant un bouquet de mûres en fleurs
accrochées au flanc de la colline et de groseilles en sang …
solitude
romantique au fond d'un jardin engoncé à Breitenbach près
de toi …

¤ ¤ ¤

Petit matin
bleu épanoui,
soleil pur,
nuées laiteuses :
air épuré
d'une fraîcheur grisante.
Sur la rambarde du pont
une toile d'araignée scintille
d'éclats moirés ;
la reine sommeille ou guette …
Trois colverts, sur l'eau
frétillante, promènent
les couleurs lumineuses
d'un bonheur nonchalant …
Deux mouettes passent,
s'évanouissent,
derrière une cime feuillue,
sur leurs ailes fluides …
Thalie muse
dans les bas-côtés barbus
de la berge impassible.
Sous les bêlements de moutons,
commères laineuses, flâne vigilante

une famille de cygnes majestueux …
Petit matin
d'été apporte à nos narines
l'odeur âcre-douce des foins coupés.
Bleu épanoui
comme tes yeux à l'orée du jour
nappés de paisible plénitude.
Soleil pur
au cœur de nos âmes en harmonies joyeuses
sous le touffu silence de la nature.
Nuées laiteuses
sur les états d'âme
de mon être en panne de certitude …
Pourtant le bonheur est là au fil de nos pas, au gré de nos voix,
et la certitude point, tel un bourgeon fragile,
de l'horizon nubile du temps à-venir.

¤ ¤ ¤

Que tonnent les cieux
que claquent les arbres
que ruisselle l'eau
et s'amoncelle en flaques
dans l'air qui stagne
une oppression abusive
suffoque nos sens
aux aguets de l'orage
pourvu qu'il pleuve
supplient nos regards
tournés vers le ciel
qui déverse sa torpeur
des jours d'étés oblatifs
où seule la nuit apaise les esprits …
Inopinées
des zébrures livides sur bleu horizon
chevauchent l'enclume
en éructant de vains grondements
avant de verser enfin
une obole généreuse
qui ravive le silence

de ses frais clapotis …

L'étrave métallique
sillonne dans l'embrun
sombre d'un océan d'arbres
d'où écume une fraîcheur généreuse,
de vagues vertes en silence d'or bleu,
sur la route torride
qui brasse les sens à l'agonie,
bordée d'un paravent de platanes à l'ample plénitude
et de gais champs de soleil en fleurs.
Caresses infimes et séductrices
d'une nature impassible sous les flammes virulentes
d'un jour d'été ;
dans cet îlot paisible
habité de sapins et de peupliers en pleurs
sous une sarabande incessante d'insectes
qui farandolent sur nos corps agacés ;
tandis que je m'alanguis de contempler
une belle romaine
allongée sur l'herbe
dans sa tunique bleue pacifique,
tendue par ses seins languides,
d'où surgissent des jambes charnues et troublantes
qui agitent un spleen indéfini
que je somnole
dans l'écho de ma solitude …
l'effervescence heureuse
des enfants retentit sous la tonnelle
du sous-bois …

¤ ¤ ¤

Les nuages s'amoncellent,
se gonflent.
Le ciel s'assombrit
Noirci
par d'immenses cernes maladifs
qui dégorgent, soudain,
sur fond d'éclairs emphatiques,
dans un grondement assourdissant,

des grêlons qui grêlent la nature
de blessures mortelles et transies
dans un roulement de tambour ininterrompu
qui étouffe les cris rocailleux du tonnerre
avant de plonger dans un sommeil
aussi soudain
qu'inespéré …
Laissant planer un silence lourd
sur les champs mutilés
et les fleurs qui suppurent des pétales
éparpillés sur les décombres ruisselants
de ce saccage céleste ;
tels ces bouquets mortuaires
jetés dans les flots impavides du Gange …

¤ ¤ ¤

Après l'orage
l'air suinte
des relents humides et âcres
de terre lessivée
saoule
comme mon cœur maussade
qui gémit
de se sentir si peu
au fond de son esprit
est-ce l'été
aux jours tyranniques
mais j'étouffe en moi-même
à me chercher
sur les âpres vagues
d'une nature qui m'humanise …

¤ ¤ ¤

Les fenêtres pleurent
yeux immenses
aux pupilles solaires fixées sur la nuit précoce
d'une saison fiévreuse
sanglots d'été
aux émotions extrêmes

glissent sur les carreaux
en soupirs d'errances torrides vaines
qui résonnent sur les vitres
Sous ces regards inondés
les fleurs s'ébrouent de plaisir
les arbres s'émancipent en frissons froufroutants
assombris par la morosité du temps
que les fenêtres transpirent
Et dans le spleen qui m'obstrue
comme un ciel barbouillé
je sue
une tristesse éprise de vie
apaisée
sur les nuages encore sanglotant
de la meule cotonneuse
qui rythment ce vague à l'âme
drainé de lassitude
perdu derrière la vitre
de mes pensées
maussades en mal
de silence
spirituel.

¤ ¤ ¤

Strasbourg
nuit d'été
effluves romantiques
fécondent mes vers
à la dérive
des sillons de lumière
grésillent sur l'eau
que lèchent des feuilles
de saules pleureurs et de platanes débonnaires
sur la rive qui nous toise deux arbres éclairés se dandinent
et les bateaux mouches ronronnent dans un ballet nocturne
qui clapote sur les berges résonne sous les ponts
aux remugles rances
place Benjamin Six
virevolte incongrue dans l'air touffu du crépuscule
une musique limpide que fredonne un clavecin sur béquilles

sous les doigts fluides
d'une femme au regard d'âme inspirée
qui câline les badauds
Strasbourg
nuit d'été
effluves romantiques
fécondent mes vers
je t'aime.

¤ ¤ ¤

Vivre
les saisons du corps
dans ton regard myosotis
dont les coquinades pulpeuses
m'ébahissent de désirs foisonnants
et glisser ravi
vers l'été de la jouissance
dans l'abandon bohème
d'une feuille grisée par le vent de tes yeux

Vivre
les saisons du cœur
au fil de tes yeux myosotis
sous la forêt où flânent nos pas
juvéniles qu'épanouit un amour chlorophylle
et se fondre
dans l'automne de nos différences
savourant le vol gracile des papillons
et quelques baies de myrtilles égarées sur tes pupilles

Vivre
les saisons de l'esprit
sur tes sourires aux éclats de myosotis
qui déversent des pétales de mots-caresses
à l'aurore de mes étonnements charmés de ta présence
et se dévêtir
de l'hiver de nos réticences ultimes
qui fondent au soleil de nos sentiments
épurés dans le tourbillon du temps mûri sous tes rétines

Vivre
les saisons de l'âme
serties d'un bonheur myosotis
qui nous irrigue d'une vérité unanime
qu'évoque le silence d'une forêt sereine
et s'ouvrir heureux
au printemps d'une plénitude vitale
diapason d'un Espace Spirituel et Inspiré
bercé par la beauté alerte qui perle de tes iris habillés de myosotis.

♮ ♮ ♮

Femme
acropole sensuelle
dans tes jardins de Babylone
j'erre par les venelles
au plaisir élyséen
où j'égare mes sonnets
au fil de ma plume
qui s'écoule du dédale
de nos baisers-caresses
faseyant l'octave charnelle
sous le soleil de minuit
avant que l'onde profane
n'atteigne l'Olympe
qui enlace la flamme éphémère.

♮ ♮ ♮

Lorsque le désir s'élève
au-dessus de nos différences
boules d'amour happées
par l'appel d'une fusion
cantique
nous nous coulons
l'un en l'autre
câlinés par le silence à l'heure
où la grenouille danse
sous une pluie de pollen
sur l'étang de nos corps

luxuriants
Sur la place pavée
quatre platanes frissonnent
entre les remparts de béton
aux regards atones …
Derrière la fenêtre close
que percutent des voix tonitruantes
nous nous aimons
d'une allégorie voluptueuse …
Tes seins ont un goût de quiétude
Eternelle …

¤ ¤ ¤

Je l'ai rencontré
un soir d'étoile filante
impromptu insolite
au cœur de la nuit
visite étrange
et un peu inquiétante
engoncée dans ses couches d'habits
tel un mille-feuille indifférent à la chaleur estivale
black au cœur d'or
ton regard triste drainait
une solitude chargée d'un désespoir généreux
qui affirme son honneur dans une rengaine maladroite
pleine de chaleureuse sincérité
nous offrant tes seules richesses
ton temps et ta bonté
black d'espérance
frère de sang
brève rencontre
j'ai gardé de toi
un amour indicible et la saveur de tes lèvres sur mon front
déconcerté
c'était un soir d'étoiles filantes
et de couleurs fraternelles
sous la quiétude de mon ciel
retrouvé je t'entends
vaquer vers ta solitude
aux élans prodigues

et anachroniques
en ces temps de disette conviviale
doux sorcier des banlieues
parisiennes ...

¤ ¤ ¤

J'ai traversé un océan jaune
qui ondoyait de colline en colline
perlées d'écumes vertes
îlots de fraicheurs
l'air alentour poissait des embruns de poussières
qui embaumaient la moisson
les parcelles rasées
n'étaient que d'immenses plaies béantes
un râle de désolation
sous le tison de l'azur
au loin un feu abrasif brûlait déjà
les vestiges de pailles
de la Brie à la Champagne
la terre entonnait l'agonie de l'été
dans une apothéose d'épis solaires
engloutis par des ogres vrombissants ...

¤ ¤ ¤

Ce matin j'ai fait un souhait
lorsque tes cheveux ont glissé
sur mon visage
comme des étoiles filantes
au firmament de mon sommeil
un souhait d'amour éternel
lorsque ton visage s'est posé
sur le mien
comme une île sur l'océan
aux confins du bonheur
ce matin j'ai fait un souhait
parfumé de tendresse
câline et du bout du cœur
pour ne pas effrayer tes rêves
j'ai caressé ton âme.

¤ ¤ ¤

A mon impénétrable Barbara

A l'orée du village
où la nature s'égaie
et les champs s'évasent
vers l'horizon
chante un rire
comme envolé d'une branche
sous l'ombrage d'un arbre attendri
par cette âme au silence parlant
couchée dans le secret de ses pensées
mystiques et mystérieuses
qui guette la vie
avec l'humilité de l'amour bridé
en riant des mots lumineux
et tendres
à l'orée du village
qui vibre de son regard solitaire …

¤ ¤ ¤

Tristesse
des soleils flétris
qui penchent leurs têtes
lourdes et fatiguées
soleils éteints
au bord de la route
sous un ciel au bleu profond
repu de nuages bouffis
l'été vire à l'ocre de l'automne
seules fanfaronnent les forêts de maïs
demain les champs seront orphelins
la terre fumera son festin ultime
avant de s'endormir sereine
jusqu'à l'émotion
du printemps.

¤ ¤ ¤

La nuit est une prairie insondable
où promeneur solitaire
sur tes prés en fleur je glane
une mosaïque couleur
de chair captive
que je cueille par les sentes
qui cheminent au clair de tes yeux
bouquet allègre
et malicieux comme une frêle
perle de rosée
ton corps est une nuit insondable
où poète mélancolique
j'espère sur tes prés paisibles
trouver un jour limpide
d'horizon complice
une corolle de seins éclos
qui caresseraient nos baisers
comme des soleils joyeux
et émancipés
d'amour.

¤ ¤ ¤

Nostalgie
d'un bonheur méconnu
un jour gris et fatigué :
« le ciel obstrue les réminiscences de la nuit,
les relents rances
de l'oubli »,
se dit une pensée morose,
au bord de la nausée d'elle-même,
un jour gris et fatigué.
Nostalgie
d'un cœur qui s'interroge,
sous le regard d'une abeille
affairée dans la ruche des jours,
sur l'opulence du temps à venir ;
chuchotant une aubade impénétrable
à l'oreille fruste d'une pensée morose

qui hume la terre sous un ciel azuréen,
lissant ses pétales de mots désabusés
au soleil boréal de l'amour
reconnu …

¤ ¤ ¤

Guilleret
comme une belle de nuit
aux heures sereines
notre amour s'épanouit
à l'aurore de toujours
au souffle de demain
comme une volée d'hirondelles
frêles et désordonnées
dans un horizon aquatique.

¤ ¤ ¤

Eteins le feu
je dirai l'amour souverain
le bonheur capricieux
les corps inspirés
les rires communs
les jours sans
les bises boréales
les silences douloureux
d'une dyade adamantine
éteins ce feu
qui éblouit nos âmes
dans le lit d'une vie
aussi alluviale
que ton cœur
et à l'oreille du temps
je dirai
l'insondable amour
qui nous tient.

¤ ¤ ¤

Quelle est cette nature claire
qui bouge ma vie
ce fil d'Ariane
impalpable et fascinant
qui voyage mon esprit
ce cœur qui voit
à travers les ondes
et guérit les maux humains
de sa maternelle autorité ?
C'est une femme
une sœur d'âme
un lien de tendresse incarnée
au hasard des siècles
qui nous délecte
de plénitude complice …
penser à elle
est un bonheur indicible
un arc-en-ciel dans la tête
qui relie l'Amour sous l'ombrelle du ciel
une crique souveraine nidée dans l'arrière-cour
d'une pièce matricielle qu'habite une voix
au regard malicieux et tendre
celle d'une femme sœur d'âme
qui cajole mon cœur et mon esprit

comme on caresse la vie
avec amour et gourmandise …

¤ ¤ ¤

A Christian, ce petit coquillage d'amour
pour l'accrocher à un coin de « lune » sentimental.

Quelle est cette gêne au fond de ta voix
toi
homme d'amour et de tendresse
qui promène dans ta ruche
ton exubérante mélancolie
ton espérance pure

toi
qui donne tout
à la femme qui te rit et te pleure
dans le silence de vos connivences
cœur fidèle
pourquoi rougir des instants de faiblesse
des moments de doute
ton pied d'argile a des éclats d'aurore
où j'aime plonger mes refrains frêles
comme tes cheveux et
caressants comme tes yeux
ton cœur d'airain a l'ampleur de l'espace
où j'aime désaltérer mes fièvres malignes
comme tes doutes et
heureuses comme ta sagesse …

¤ ¤ ¤

Aux « forêts » de mon cœur …

Je me glisserai en elle
avec la volupté d'un amant
heureux
pénètrerai par son dôme
vert de tendresse
joyeuse
caresserai son horizon ému
de mon regard éclos
d'amour
et musardant par les sentiers
moelleux je m'unirai enfin
à la divine nature
d'une vie contemplée au soleil
du bonheur composé
à deux
en m'abreuvant des effluves
mystiques et charmeuses
de son rire
inaltéré
assis au creux d'un sapin
tutélaire qui veille
au sommet du Heidenkopf

sur les pas apaisés
de nos cœurs mûris à l'amble des saisons…

¤ ¤ ¤

Dans la paix de la nuit
ou au détour du jour
me fondre en toi
dans la matrice nocturne
ou le flux quotidien
isolé
et fourbu de moi
me confier heureux ou désespéré
à toi qui écoute sans me juger
à toi qui me guide sans me condamner
te sentir en moi
comme une joie partagée comme un bonheur nouveau
un trésor serein
et m'endormir apaisé ou joyeux
au creux de ton amour
après ce dialogue muet cette prière spontanée…

Fables d'Amour
A Gabrielle et à Liliane …

1

Entre l'ortie et le laurier-rose
l'aigle et le taureau
un homme au cœur de frêne
par les sentiers escarpés
de l'Olympe
verse le fluide de l'Amour
sur ces plantes fières
ces signes profanes
sous le regard altier
d'un lion attentif…

2

Dans un pré épanoui
caracole un cheval bleu
sous l'œil maternel d'une belette orangée
qui verse haut son divin don
pour abreuver ce fougueux pur-sang
au pelage de lune
à la crinière mystique
tandis qu'au soleil du Bonheur
deux visons malicieux
se prélassent d'Amour ...

¤ ¤ ¤

Sens-tu le vent d'automne
cajoler tes épaules
sous un soleil en demi-teintes
qui cligne aux passants
en irradiant leurs paupières
d'une haleine frileuse ?

Au fil des jours,
dans les marronniers en verve,
l'automne s'éveille ;
les ramures s'éteignent
dans un flamboiement de couleurs,
irisant les chemins
sur les bords du temps qui s'écoule.
Et sur mes yeux qui musardent
se lit un amour
de femme-saisons ...

¤ ¤ ¤

A Khab Thana

Mélodies d'Amour
conscience chavirée
j'ai appris à t'aimer
en respirant ton âme

mon cœur d'anthémis
mon soleil de novembre

au fond de tes yeux
brillait une étoile
qui l'avait fécondée
de sa caresse astrale

mon cœur de novembre
mon soleil d'anthémis

l'Amour Sera Eternel
comme le Bonheur
qui nous habille
de ses couleurs vespérales

mon cœur d'anthémis
mon soleil de novembre

que la vie est tendre
lorsque les regards s'abreuvent
à la source de l'entente
Mélodies d'Amour.

¤ ¤ ¤

A Khab, Mathieu, Elodie

L'automne s'est glissé sous ma fenêtre
a embuanti mes carreaux de sa fraîche haleine
finies les flâneries buissonnières
au bord de l'eau au fond des bois
j'ai mis la clé sous le paillasson
l'hiver est devant ma chambre
j'attendrai les douceurs printanières
les yeux captivés par les humeurs du ciel
l'amour est dans la maison
c'est l'été des sentiments
les enfants tels des nuées d'hirondelles
m'apporteront sur leurs ailes agitées de vie
des perles de pluie des filaments de neige
gorgés d'effluves humides et heureux

mes poumons grincent leur dérision
l'automne s'est glissé sous ma fenêtre
mais qu'importe l'amour est dans la maison ...

N.B. : *Tout poème est une clé ...la clé des champs ;*
celle que j'ai prise en me promenant dans ce recueil.
A chacun d'y trouver la sienne...

Chansons

Tempo

Temps gué sur l'horizon rond
comme un ventre à terre
de sienne enceinte
d'amour

Tant gaies pierres sur des corps
de garde à vous sans désir
emplis par un doux duo
d'amour

Tanguer dans le va-et-vient de jours
aux galbes de pluie sous un ciel
qui pleure le manque
d'amour

Échos

La voie lactée de tes seins
a tracté de doux desseins
dans l'échancrure d'un jour
à claire-voix d'amour

Téter le temps qui nous uni
sous l'auvent ouvert d'une vie
quand le silence aura couvert
le bruit sourd des corps amers

La pluie trébuche à l'envers
sur l'horizon déchu de mes vers
quand le ciel galope tout droit
au tréfonds de tes bras en croix

Le bonheur ne peut avoir de chair
les cœurs sont bien trop austères.
La lune au firmament a mis
le soleil sur l'horizon d'un lit.
La lune au firmament a mis
le soleil sur l'horizon d'un lit…

La mort

Elle est morte au courant de son âge
car il n'y a pas d'âge pour mourir.
Vieux ou jeune, belle âge ou âge bête,
ce sont les autres qui donnent à la mort son âge,
ce sont ceux qui la pleurent qui lui donnent un visage.

Elle est morte au courant de son âge,
car il n'y a pas d'âge pour mourir.
La vie est un drôle de vaste voyage,
dans l'âge si tendre de ses artères au long cours,
que seules partagent les âmes aux corps de velours.

Elle est morte au courant de son âge,
car il n'y a pas d'âge pour mourir.
L'amour est le lit de passage de ta rive nue
à ma berge vierge. Dans l'onde de nos pages,
vivre est une métamorphose pas très sage
où je n'ai plus peur de mourir, de mourir…

Le concierge

Le concierge et sa barbiche
passe la tondeuse sur les friches
d'un gazon comme les ratiches,
sèches et noires en dedans,
de tous ces vieux Rantanplan
qui le hèlent très mollement.

Refrain facultatif
D'abord je ferai la poubelle pour aller danser,
danser…
Après j'aurai de belles ailes pour aller l'aimer,
l'aimer…

Le concierge et sa barbiche
briquent la cage et l'entrée

d'une main à peine inspirée
par des soubresauts très chiches.
Puis, sans faire de sentiments,
il coupera les haies calmement.

Le concierge et sa barbiche
sourient de toutes leurs dents
car il sait comment on aguiche
tout le ban et l'arrière-ban,
pour mieux plonger dans un roman
qu'avec délice ensuite il liche.

Le concierge et sa barbiche
vivent très sereinement
la valse de leurs printemps,
car la musique les déniche,
le concierge et sa barbiche
que la vie fredonne gaiement.

Amours

L'amour est à la guerre
ce que les cons sont à l'amour…
La vie est un mystère,
y a plus de voie sans retour.

La vie est un enfer
embaumé par les laïus
quand la mort en hiver
attrape les plus "minus".

L'amour est à la guerre
ce que les cons sont à l'amour…
La vie est un mystère,
y a plus de voix sans détours.

Atome et ozone,
gazole et vache folle,
l'atmosphère déconne
et la Bourse racole.

L'amour est à la guerre
ce que les cons sont à l'amour…
La vie est un mystère,
y a plus de cœur sans atours.

Les politiques trichent
mais les riches s'en fichent
car les pauvres obéissent
et l'amour cache les vices.

L'amour est à la guerre
ce que les cons sont à l'amour…
Une dérision pour faire
passer les pires discours.

L'hexagone est sans foi.
La Gauche est à droite
et la Droite sans émoi,
pendant que les Verts boitent.

L'amour est à la guerre
ce que les cons sont à l'amour…
L'amour est à la guerre
ce que les cons sont à l'amour…

Anne-Sophie

Anne-philo-Sophie,
Anne-philo-Sophie,
tu râles encore la vie.
T'as qu' des soucis,
t'as qu' des ennuis,
la bouche en cœur
sur le tarmac
de tes malheurs.
L'amour est un lac,
l'amour est un lac
qui fait des flaques

sur le bonheur.
Anne-philo-Sophie,
Anne-philo-Sophie…

Anne-mélancolie,
Anne-mélancolie,
tu grinches encore la vie.
La vie qui t'a mise,
la vie qui t'a prise
au fond d' son lit,
sur les sanglots longs
du violon d' ton giron.
La nuit va au jour,
la nuit va au jour
com' un corps rond.
Anne-mélancolie,
Anne-mélancolie…

Anne-ma mie d'amour,
Anne-ma mie d'à mort,
tu chines encore la vie.
De ton œil qui crie,
de ton œil qui rit
s'échappe une musique
que recompose le nid
d'une larme symphonique.
La joie fait des vagues,
la joie fait des vagues
sur ton aube mélodique.
Anne-ma mie d'amour,
Anne-ma mie d'à mort…

Pierres

Comme des pierres qui lesteraient mon âme,
il est des temps qui me hantent.
Dissonance douloureuse
éclopant l'harmonie des cœurs
où le présent vilipende un passé suranné.
Je pleure, je rage,

en vain, en vrac.
Les pierres m'engloutissent dans un tumulte de mots,
vers un lit de pierres précieuses
où m'attend, rayonnant, un saphir
voluptueux et charnel comme la vie,
au regard azur comme l'amour
qui nous berce à la source du Bonheur…
L'Eternité est une pierre légère et radieuse.

Reprise

J'aurais voulu repriser le temps
mais le temps ne se reprise pas.
J'ai donc caressé des acrostiches
dans le ciel de mon âme dolente,
léchant nos blessures au détour
d'allégories puisées à la source.

J'aurais voulu repriser mon corps
mais un corps ne se reprise pas.
J'ai donc épousseté ma blessure
pour rire le ciel d'une vie suspendue
à l'éphéméride des jours
austères et dérisoires comme l'ennui.

J'aurais voulu repriser le désir
mais le désir ne se reprise pas.
Il se vit du bout du cœur
et des doigts comme une mélodie
fredonnée par des émois
qui perlent de nos corps épris.

Je ne reprise plus rien,
j'ai appris à aimer
à l'unisson du temps
qu'un corps désire d'amour…

Rude

Rudes échos de nos silences,
sur la berge de nos soupirs
s'émancipent des baisers réfrénés.
Dans la brousse de nos souvenirs
s'élève le son d'un tam-tam oublié.

De son bas-flanc, une femme
proclame un désir rieur
à l'homme qui l'émeut
de ses lèvres en cœur.

Et, de nos corps en flamme,
une connivence s'exclame.
Et de nos bras s'élève l'horizon
d'une passion cosmique…
Cosmique connivence,
cosmique connivence.

Gambade

Une jambe effilée
qui file
sous un regard troubadour
qui glisse
sur le grain doré
qui lègue
des fantasmes
qui plissent
un désir d'étreinte
qui nourrit
des rêves mutiques
qui enjambent
les morosités d'une vie.

Mais la jambe s'égaie
à pas léger
et quitte mon regard
esseulé !

Floralie

J'aime l'éclat d'aubépine
De son mœlleux jardin en fleur,
J'aime le chant d'églantine
Quand son jardin rit le bonheur...

Mais que sont ces plaies de rose ?
D'où sont ces épines d'émois
qui désappointent l'osmose ?
L'amour est un lit de lilas,

Allons effeuiller la prose
de l'écume épanouie,
qu'exhale l'apothéose
d'un bouquet d'amour plein de vie.

Cinéma

La folie d'Hamlet
n'est qu'une intelligence de la raison,
quand la folie d'Ophélie
est un *te deum* de l'amour.

Plan large zoom avant, gros plan.
Un handicapé boite dans une boîte
à malices rugueuses.
Travelling arrière, contre-plongée.
Une femme clappe d'une voix de velours :
La vie à nu 10/1ère

Ophélie meurt sans rémission
pendant qu'Hamlet oublie la compassion,
dans l'indifférence de la vengeance
et le fracas de toute engeance

Le montage suit la ligne de vie,
un regard dessine le corps défait

et le corps blessé nourrit un regard.
Le générique peut se dérouler.
Le bonheur a ses limites
et la liberté un prix.

Gueule d'ange

Elle a une gueule d'ange entre le paradis et l'enfer
elle est belle à damner un saint et à troubler Lucifer
elle est
elle est si sensuelle
si réelle
si chair charnelle
si regard intemporel
si folie irréelle
si Amour avec ailes
elle est le fer de mon feu
elle est le feu de mon faire
elle est le chœur irrationnel d'un chaos éternel
Elle a une gueule à bonheur entre abîme et ciel
J'ai la gueule en bouilli et le cœur ébloui
j'ai les sens à l'envers et le corps à l'endroit
j'ai
j'ai tant de joies
tant de dépits
tant d'amour et d'envies
tant de cris inconditionnels
tant de jours sans nuit
tant de vie avec elle
j'ai une âme au goût de figue
j'ai une fugue au goût d'âme
j'ai le bruit qui m'incommode et le silence qui m'accommode
J'ai l'horizon debout et le firmament couché

Questions

Que serait Priape sans Ésope,
le glaive sans le bouclier ?
Que serait la Terre sans la Lune,

l'avenir sans le passé ?
Que serait le monstre sans sa beauté,
l'amour sans concessions ?
Que serait mon corps sans ta main,
la guerre sans la paix ?
Que serait ma verge sans ta galaxie,
le désir sans après ?
Que serait ton con sans ma bouche,
la tendresse sans passion ?
Mon amour, j'ai tant de questions
dans ma gueule cahotée
et si peu de réponses à me donner.
J'aimerais téter la vie et tes seins...

Gueule de sein

Le saindoux du sein doux
est mou, tellement mou,
mais le sein plaît au simplet
qui s'en fout, mais s'en fout.
Car ce saint Innocent
aime les seins sauveurs,
les desseins des seins charmeurs
et époustouflants
Entends-tu tinter les seins balles
sous les symboles qui roulent
en cajolant un sein pâle ?
Loin des seins taxes,
les saints glands relaxent
une douce sein phonie
et moi, avec mes vers saints,
je savoure le saindoux
d'un doux sein,
mou si mou,
mais qu'est-ce qu'on s'en fout
après tout.

C'est du Nouga

Nougayork
tes mots roquent... n' roulent
et comme des Havanes se pavanent
entre blues et java.
Poète de Toulouse,
je suis saoul ton charme
quand Nouga rôt des mots
qui cambriolent l'esprit,
quand Nougaro funambule
une musique qui exhume la vie.
Jamais tu ne Capitole
devant un poème capitale,
petit nougat rose,
au jazz canaille,
qui éternellement vivra
par ta voix imbibée
de mots volubiles
et ton cœur enfumé
d'arpèges sortilèges,
à l'accent gouailleur
d'un torrent d'azur.

Catalpa

Le vent dans le catalpa,
et toi et moi,
le vent dans le catalpa
caresse nos émois.

L'horizon bruisse sous l'étourneau,
et toi et moi,
l'horizon bruisse sous l'étourneau
comme une soie.

L'azur au clair de nos cœurs s'effile,
et toi et moi,
l'azur au clair de nos cœurs s'effile
sous les échos de ta voix.

Mais l'éclat des saisons s'incruste,
et toi et moi,
mais l'éclat des saisons s'incruste
entre tes bras.

Ton regard infiniment bleu,
et toi et moi,
ton regard infiniment bleu
irise ma joie.

Après-demain peut-être,
et toi et moi,
après-demain peut-être
nous chérira.

Le vent dans le catalpa,
et toi et moi,
le vent dans le catalpa
babille mon amour pour toi.

Du même auteur

Autobiographie
À contre-courant, 1ᵉ édition, Desclée de Brouwer, 1999. 2ᵉ éditions, Worms, Le Troubadour, 2005 (épuisé).
En dépit du bon sens : autobiographie d'un têtard à tuba, préface ONFRAY M., Noisy-sur École, L'Éveil Citoyen, 2015 (épuisé)

Poésie
Toi Émoi, Worms, Le Troubadour, 2004
Corps accord sur l'écume Worms, Le Troubadour, 2010
Ikebana effervescent, Worms, Le Troubadour, 2012
Le jeune homme et la mort, Worms, Le Troubadour, 2016
Les chemins d'Euterpe, Autoédition MN, 2018
Divins horizons, Autoédition MN, 2020
Récoltes verticales, 1999-2002, Marcel Nuss, 2018
Femmes libertés, Autoédition MN, 2021
Allègres mélancolies, Autoédition MN, 2021
Les foudres d'Éros, Autoédition MN, 2019
Sérénité, Autoédition MN, 2019
L'existentialisme précaire d'un têtard pensant, Marcel Nuss, 2018
Chroniques poétiques, Autoédition MN, 2021
Le quotidien des jours qui passent, Autoédition MN, 2020

Essais
La présence à l'autre : Accompagner les personnes en situation de dépendance, 3ᵉ édition 2011, 2ᵉ édition 2008, 1ᵉ édition 2005, Paris, Dunod.

Former à l'accompagnement des personnes handicapées, éditions Dunod, 2007 (épuisé).
Oser accompagner avec empathie, préface COMTE-SPONVILLE A., Paris, Dunod, 2016
Je veux faire l'amour, Paris, Autrement, 1ère édition 2012, Autoédition, 2e édition 2019.
Je ne suis pas une apparence, Autoédition MN, 2021

Romans érotiques
Libertinage à Bel Amour, Noisy-sur-École, Tabou Éditions, 2014 (épuisé)
Les libertines, Paris, Chapitre.com, 2017 (épuisé)
Le crépuscule d'une libertine, Paris, Chapitre.com, 2018 (épuisé)
Réédition en version originale à paraître :
Les feux d'Héloïse, Autoédition MN, 2021
    1 Con joint
    2 Con sidéré
    3 Con sensuel

Nouvelles
Cœurs de femmes, Paris, Éditions du Panthéon, 2020
Ruptures, Paris, Éditions Saint-Honoré, 2021
Incarnations lascives, Autoédition MN, 2021

Sous le pseudonyme de Mani Sarva
Horizons Ardents, Paris, Éditions Saint-Germain-des-Prés, 1990 (épuisé).
Divine Nature, prix de la ville de Colmar 1992, Éditions ACM, 1993 (épuisé).
Le cœur de la différence, préface JACQUARD A., Paris, L'Harmattan, 1997

Essais en collaboration avec :
COHIER-RAHBAN V. *L'identité de la personne « handicapée »*, Paris, Dunod, 2011
ANCET P. *Dialogue sur le handicap et l'altérité : ressemblance dans la différence*, Paris, Dunod, 2012

Essais dirigés par l'auteur
Handicaps et sexualités : le livre blanc, Paris, Dunod, 2008
Handicaps et accompagnement à la vie sensuelle et/ou sexuelle : plaidoyer en faveur d'une liberté !, Lyon, Chronique Sociale, 2017